GRAND DICTIONNAIRE

INTERNATIONAL

DE LA

PROPRIÉTÉ INDUSTRIELLE

Paris. — ALCAN-LÉVY, imprimeur breveté, 61, rue Lafayette.

GRAND DICTIONNAIRE

INTERNATIONAL

DE LA

PROPRIÉTÉ INDUSTRIELLE

AU POINT DE VUE

DU NOM COMMERCIAL,

DES MARQUES DE FABRIQUE ET DE COMMERCE

ET DE LA CONCURRENCE DÉLOYALE

CONTENANT :

LES LOIS, LA JURISPRUDENCE ET LES CONVENTIONS DE RÉCIPROCITÉ DE TOUS LES PAYS,
COMMENTÉES ET COMPARÉES,
A L'USAGE DES ADMINISTRATIONS PUBLIQUES, DES JURISCONSULTES
ET DU COMMERCE

PAR

LE Cte DE MAILLARD DE MARAFY

LICENCIÉ EN DROIT

CONSEIL HONORAIRE DE L'UNION DES FABRICANTS POUR LA PROTECTION INTERNATIONALE
DE LA PROPRIÉTÉ INDUSTRIELLE ET ARTISTIQUE,
VICE-PRÉSIDENT ET RAPPORTEUR DE LA SECTION DES MARQUES DE FABRIQUE ET DE COMMERCE
AU CONGRÈS INTERNATIONAL DE LA PROPRIÉTÉ INDUSTRIELLE DE 1878,
MEMBRE DE LA COMMISSION PERMANENTE DE LA PROPRIÉTÉ INDUSTRIELLE

TOME PREMIER

PARIS

AU SIÈGE DE LA SOCIÉTÉ

L'UNION DES FABRICANTS

POUR LA PROTECTION INTERNATIONALE DE LA PROPRIÉTÉ INDUSTRIELLE ET ARTISTIQUE
Fondée en 1872 et reconnue d'utilité publique par décret du 28 mai 1877
20, Avenue de l'Opéra, 20

1882

INTRODUCTION

Au milieu des occupations absorbantes et des lourdes responsabilités qui remplissent l'existence de l'homme public, du magistrat, de l'avocat, du grand industriel, et même du simple commerçant, nul n'a plus le temps de lire un ouvrage de longue haleine ; mais tout le monde peut trouver encore celui de le consulter, si, répondant à un intérêt pressant, il permet les recherches rapides et fournit des solutions précises. Or la forme du Dictionnaire est la seule qui donne l'instantanéité de l'information, et les questions utilitaires sont les seules qui l'exigent. C'est donc dans une Encyclopédie alphabétique qu'il convenait de coordonner les innombrables points de droit et de fait, les documents et les débats, relatifs à l'une des questions utilitaires les plus en vue de ce temps-ci : la Propriété industrielle.

Il n'est pas besoin assurément de démontrer l'importance de cette branche nouvelle du droit. La place qu'elle a prise graduellement dans les travaux législatifs de chaque nation, les traités de commerce, les cours de justice, les conférences diplomatiques, et enfin au Congrès international de 1878, dont le retentissement fut si considérable, témoigne suffisamment du prix que l'opinion et les gouvernements attachent à ces grands intérêts; ils se développent chaque jour davantage, et cependant, si l'on compte en France, en Belgique et en Allemagne, plusieurs excellents traités relatifs à la législation intérieure de ces divers pays en ce qui concerne la propriété industrielle, il n'existe aucun ouvrage, écrit au point de vue international, pouvant éclairer sérieusement les intéressés sur leurs droits et leurs obligations à l'égard des nombreuses nations, liées, en vertu de conventions de réciprocité, comme par une sorte d'unification territoriale.

Cela tient à la difficulté matérielle d'une tâche aussi complexe, reposant sur des faits et des documents épars dans l'univers entier.

Aussi est-il vraisemblable que, sans les circonstances tout à fait spéciales grâce auxquelles ces obstacles ont été surmontés, un dictionnaire international de la propriété industrielle n'aurait pu voir le jour de longtemps. Ces circonstances, les voici :

En 1872, s'est fondée en France, dans le but d'assurer la protection internationale de la Propriété industrielle et artistique, une association puissante, l'Union des fabricants, élevée bientôt par l'État au rang d'institution d'utilité publique, à la suite de services multipliés rendus au commerce honnête de toutes les nations. Grâce à sa situation officielle, et au groupement cosmopolite dont elle est le centre, la nouvelle institution a joui d'un accès facile et d'une faveur soutenue, près des gouvernements dont elle a dû fréquemment solliciter la bienveillante intervention, en vue d'améliorations à introduire dans les règlements, les conventions diplomatiques, et même les projets de loi en préparation.

Or les missions auxquelles ces négociations souvent difficiles ont donné lieu ont été confiées depuis l'origine, c'est-à-dire depuis dix ans, à l'auteur du présent ouvrage. Cette situation exceptionnelle lui a permis, on le comprend, d'en préparer les éléments de longue date, à l'aide d'innombrables documents, recueillis sur place, et dus le plus souvent à la gracieuse obligeance des hommes éminents de la Diplomatie, des Consulats, de la Magistrature, de l'Administration, des Parlements et du Barreau, avec lesquels il s'est trouvé naturellement en rapport par la nature internationale des intérêts qu'il avait à défendre.

Dans ces conditions, un grand ouvrage réunissant les lois, la jurisprudence et les traités, pour toutes les nations du monde, commentés et comparés, devenait d'une exécution possible. Dès lors il y avait pour l'auteur, et pour l'association favorisée de tant de communications précieuses, faites certainement, pour une large part, dans un but d'utilité publique, comme une obligation morale d'en hâter la publication. Cette publication formera une Encyclopédie complète, où les justiciables de chaque nation trouveront exposé, dans les plus grands détails, tout ce qui peut toucher leurs intérêts en matière de propriété industrielle, où les administrations publiques et les jurisconsultes pourront puiser, dans des documents scrupuleusement contrôlés, tous les éléments nécessaires à la législation comparée, à la préparation des lois et à l'étude des litiges internationaux.

Mentionnons enfin une importante innovation que l'auteur a été le premier, croyons-nous, à introduire il y a quelques années dans la presse judiciaire : la démonstration graphique,

à l'aide des pièces de conviction, reproduites par la photo-
gravure. Un coup d'œil dispense ainsi souvent de toute
lecture, et éclaire la question litigieuse beaucoup mieux que
ne pourraient le faire de longs débats. L'expérience a d'ailleurs
prouvé combien les tribunaux apprécient ce mode irréfutable
d'argumentation. Aussi, en lui donnant dans cet ouvrage un
développement considérable, l'auteur n'a-t-il fait que répon-
dre à un vœu souvent manifesté. La difficulté était grande, à
la vérité, mais non insurmontable. Nous tenons à remercier
à cet égard de leur concours, d'une manière collective, ne
pouvant les nommer tous ici, un grand nombre de membres du
corps consulaire et des chambres de commerce de divers pays,
d'avocats de toutes nations, et de délégués de l'Union à
l'étranger, qui se sont prêtés avec le plus louable empresse-
ment à la tâche ingrate de recueillir au dehors les pièces de
conviction les plus intéressantes, avec les jugements et arrêts
dans lesquels elles sont visées.

La rapidité des recherches devant passer avant toute autre
considération dans un ouvrage de ce genre, l'auteur en a fait
pour ainsi dire un dictionnaire dans un dictionnaire, par le
développement donné au sommaire alphabétique. Il a de plus
indiqué succinctement la solution, pour chaque cas se ratta-
chant à la question principale, objet d'un article, afin de
donner satisfaction immédiate au lecteur désireux d'arriver
droit au but, sauf à celui qui voudrait approfondir chaque
détail à recourir aux renvois. Il en résulte nécessairement
dans l'ensemble quelques redites inévitables, mais sans incon-
vénient en somme, un dictionnaire n'étant pas fait pour être
lu, mais consulté.

ABRÉVIATIONS

Act. parl. It. 80, 10.

Actes parlementaires d'Italie, année 1880, page 10.

Ann. Lég. étr. 80,10.

Annuaire de la législation étrangère, année 1880, p. 10.

Ann. C. E.

Annales du commerce extérieur.

Ann. parl. Bel. 80, 10.

Annales parlementaires de Belgique, année 1880, p. 10.

Ann. Pat. ou Ann. X, 15.

Annales de la propriété industrielle, artistique et littéraire de Pataille, tome X, page 15.

Arch. dip. 14, 2, 10.

Archives diplomatiques, année 1874, tome II, page 10.

Bédarride, II, 10.

Commentaire des lois sur les brevets d'invention, sur les noms des fabricants, des lieux de fabrication, sur les marques de fabrique, tome II, n° 10.

Bel. jud. 80, 10.

Belgique judiciaire, année 1880, page 10.

Blanc, p. 10.

Traité de la contrefaçon, par Et. Blanc, page 10.

Bozérian Prop. ind.

Le journal la Propriété Industrielle.

Braun, 47.

Nouveau traité des marques de fabrique, n° 47.

Bull. cons. f. 80, 10.

Bulletin consulaire français, année 1880, page 10.

Bull. cons. it. 80, 10.

Bulletin consulaire italien, année 1880, page 10.

Bull. Leg. comp. 80, 10.

Bulletin de la Société de Législation comparée, année 1880, page 10.

Calmels, n° 80.

De la propriété et de la contrefaçon des œuvres de l'intelligence, par Calmels, n° 80.

C. C. 10.

Code civil, art. 10.

C. comm. 10.

Code de commerce, art. 10.

C. I. C. 10

Code d'instruction criminelle, art. 10.

C. P. 10.

Code pénal, art. 10.

Cent. Hand. 15 sept. 80.

Central-Handels-Register, n° du 15 septembre 1880.

Comp. rend. C. P. I. 10.
Compte rendu sténographique du Congrès international de la propriété industrielle de 1878, p. 10.

Déc. comm. pat. A. 80, 10.
Décisions des commissaires des Patentes des Etats-Unis d'Amérique, année 1880, p. 10.

Droit, 15 sep. 80.
Le journal *le Droit* de Paris, n° du 15 septembre 1880.

Endemann, 10.
La Protection des marques de fabrique, par le Dr Endeman, page 10.

Form. des chanc. II, 10.
Formulaire des chancelleries, par de Clercq et de Vallat, tome II, page 10.

Gaz. Trib., 17 sept. 80.
Le journal la *Gazette des Tribunaux* de Paris, n° du 17 septembre 1880.

Gaz. Trib., M., 17 sept. 80.
Le journal la *Gazette des Tribunaux de Milan*, n° 17 septembre 1880.

Gaz. off. B. des P. A. 80, 10.
La *Gazette officielle du Bureau des Patentes des Etats-Unis d'Amérique*, année 1880, page 10.

Gastambide, 10.
Traité théorique et pratique des contrefaçons n° 10.

Huard, 10. Prop. ind., 10.
Le journal la *Propriété industrielle*, n° 10.

Journ. Dr. int. pr. 80, 10.
Journal du Droit international privé (Clunet, rédacteur en chef), année 1880, page 10.

Journ. Soc. I, 10.
Journal des Sociétés civiles et commerciales, 1re année page 10.

Journ. Trib. comm. 80, 10.
Journal des Tribunaux de commerce, année 1880, page 10.

J. Pal. 80, 2, 10.
Journal du Palais, année 1880, tome II, page 10.

Landgraff.
La loi d'empire sur la protection des marques de fabrique, par Dr Landgraff.

Liv. bl.
Livre bleu, Documents diplomatiques publiés par le Gouvernement anglais.

Liv. j.
Livre jaune, Documents diplomatiques publiés par le Gouvernement français.

Liv. v.
Livre vert, Documents diplomatiques publiés par le Gouvernement italien.

Idées nouv.
Idées nouvelles, par Méneau.

Mèves.
La loi sur la protection des marques.

Monit. Trib. M. 80, 10.
Moniteur des Tribunaux, journal de Milan, année 1880, n° 10.

Pasicr. Belge, 80, I, 10.
Pasicrisie belge, année 1880, tome I, page 10.

Pouillet, **10**. — *Traité des marques de fabrique et de la concurrence déloyale*, par Eugène Pouillet, n° 10.

Prop. ind. 81, 2, 7. — *La Propriété industrielle, littéraire et artistique*, année 1881, 2° partie, p. 7.

Rand Bailey, **10**. — *Manuel pratique de procédure anglaise*, page 10.

Rec. cons. b. 80, **10**. — *Recueil consulaire belge*, année 1880, page 10.

Rég. int. propr. ind. 82, **10**. — *Le Régime international de la propriété industrielle, artistique et littéraire* (C. Couhin, rédacteur en chef), année 1882, page 10.

Rendu T. P. M. 10. — *Traité pratique des marques de fabrique*, n° 10. par Rendu, avocat à la cour de cassation.

Id.   D. I. 10. — *Traité pratique du droit industriel*, n° 10, par le même.

Rendu C. M. 10. — *Codes de la propriété industrielle. — Marques de fabrique*, n° 10, par Rendu, avocat à la cour de Paris.

Renouard. — *Du droit industriel dans ses rapports avec les principes du droit civil.*

Rev. de dr. int. 76, 25. — *Revue de droit international et de législation comparée*, année 1876, page 25.

Rô (de), **10**. — *Commentaire de la loi du 1er avril 1879 sur les marques de fabrique et de commerce*, page 10.

Siegfried. — *La loi sur la protection des marques*, par Heinrich Siegfried.

Soignie (de). — *Traité du droit des étrangers en Belgique.*

Trade Marks 77, **10**. — Le journal anglais *Trade Marks*, année 1877, page 10.

Troplong, II, **10**. — *Traité des sociétés*, tome II, page 10.

Vavasseur, **10**. — *Traité théorique et pratique des sociétés civiles et commerciales*, page 10.

Voelbroeck. — *Cours de droit industriel.*

AVIS

Le plan de ce Dictionnaire est conçu de telle sorte qu'on peut toujours faire une vérification ou trouver une solution, directe ou par renvoi, en quelques instants. Il suffit de chercher n'importe quels mots ou noms ayant trait de près ou de loin à la question dont il s'agit, et de parcourir ensuite le sommaire alphabétique. Les numéros de ce sommaire correspondent aux paragraphes des articles dans lesquels la question est traitée. Lorsque ces numéros sont joints par un trait d'union, comme par exemple, dans le sommaire de l'article ABANDON, la question du *défaut de renouvellement* 40-45, cette abréviation indique que ladite question est traitée du n° 40 au n° 45.

Enfin, les noms des parties et les dénominations de fantaisie ayant figuré dans des procès d'une certaine notoriété sont également, dans un grand nombre de cas, un moyen de recherche rapide et sûr.

Veut-on, par exemple, connaître la législation comparée en ce qui concerne les étrangers, on la trouvera au mot ÉTRANGER (Droits de l') avec facilité de trouver également les lois, la jurisprudence et les conventions diplomatiques afférentes à chaque pays, en cherchant le nom de ce pays dans le sommaire alphabétique. On sera renvoyé en outre à cet article en cherchant n'importe quel mot relatif à l'un des droits à revendiquer.

Autre exemple : On désire pour un motif quelconque approfondir les questions agitées dans un procès dont on se rappelle seulement le sujet. Il s'agissait, si l'on veut, du *Charbon de Paris*, ou bien encore des *Lampes-Carcel*, des *Brosses de Charleville*, de la Tuilerie de *Montchanin*, des Pianos *Erard*, de la salle *Valentino*, des contrefaçons des marques de la Régie française des *Tabacs* en Allemagne, d'un procès de la *Bénédictine* en Hongrie, d'une transaction importante obtenue par la maison *Martell* dans la République Argentine, des controverses soulevées à l'occasion du mot *chartreuse,* etc., etc. Il suffira de se reporter à l'un de ces mots.

Mêmes facilités de recherches dans un autre ordre d'idées :

Un fabricant veut faire choix d'une marque pour un produit ayant exclusivement ses débouchés au Canada, au Chili et à Hong-Kong. Il connaîtra les conditions qu'elle doit réunir en cherchant *indifféremment*, dans le dictionnaire, les mots suivants :

CHOIX D'UNE MARQUE, et dans le sommaire : *Canada, Chili et Hong-Kong.*

MARQUE (*choix d'une*).

CANADA, CHILI, HONG-KONG, et dans le sommaire de ces articles : *conditions de validité d'une marque.*

CONDITIONS DE VALIDITÉ D'UNE MARQUE.

VALIDITÉ D'UNE MARQUE (*conditions de*).

RECEVABILITÉ *d'une marque.*

Un dernier exemple :

Un négociant a passé de longues années sans poursuivre les contrefacteurs de sa marque. Il a négligé ses dépôts ou leur renouvellement. Quelle est sa situation juridique? Quels sont ses droits et ses obligations dans les divers pays qui l'intéressent? On trouvera directement ou par renvoi la réponse dans toutes les hypothèses, en cherchant *indifféremment* dans le dictionnaire les articles suivants, et en jetant un coup d'œil sur leur sommaire jusqu'à ce qu'on rencontre la réponse à la situation exacte de l'intéressé :

ABANDON, ABSENCE *ou* DÉFAUT DE DÉPÔT, DE POURSUITES, DE RENOUVELLEMENT, DE TRANSFERT, DÉPÔT (*absence ou défaut de*), POURSUITE, RENOUVELLEMENT, TRANSFERT, DOMAINE PUBLIC, ÉTRANGER, TOLÉRANCE, etc., etc.

ABANDON

SOMMAIRE ALPHABÉTIQUE.

Abandon en matière de nom comm, 1-30; de marque, 31-60, 66-67; d'enseigne, 61-67.

Absence de dépôt, 33, 52, 55.

Appropriation (conditions d'), 33.

Autorisation temporaire d'emploi, 46-48.

Banalité, 33, 34.

Critérium en mat. de nom comm., 1, 3, 5, 7, 8, 10, 12, 15, 17, 19, 20, 24 : de marque, 31, 33, 35, 36; d'enseigne, 62-65.

Défaut de renouvellement, 40-45, 60.

— de transfert, 56-58.

Définition de l'*abandon*, 1.

Domaine public en mat. de nom, 7, 19, 22-26, 28; de marque, 33, 34; d'enseigne, 61.

Etrangers, 52, 53, 58, 66, 67.

Expositions, 35.

Extinction de l'entreprise en mat. de nom 26, 27 de marque, 49-51; d'enseigne, 65.

Licence, 46-48.

Marques du fabricant et du commerçant juxtaposées, 46-48.

Nom commercial, 6-30, 34, 67.

— dans une marque abandonnée, 21.

Nom de l'inventeur, 7-20, 22-24.

Non-usage, 39.

Produits pharmaceutiques, 22-24.

Raison sociale, 25-30.

Tolérance en mat. de nom 3, 9, 10, 20, 21 ; de marque, 32, 34-38; d'enseigne, 61-64.

LÉGISLATION, JURISPRUDENCE ET CONVENTIONS DE RÉCIPROCITÉ en :

Allemagne, 21, 29, 51, 52, 55, 57, 58, 67.

Angleterre et colonies, 28, 32, 52, 60, 66.

Argentine (confédération), 28, 52, 53, 66.

Autriche, 29, 51, 52, 54, 56, 67.

Belgique, 28, 32, 42, 67.

Brésil, 28, 32, 41, 67.

Chili, 52, 66.

Danemark, 52, 56, 67.

Egypte, 28, 32, 66.

Espagne, 52, 55, 58, 66.

Etats-Unis, 28, 32, 41, 66, 67.

France, 1-27, 31-50, 61-65, 67.

Italie, 28, 30, 32, 43, 66.

Pays-Bas, 52, 66.

Portugal, 32, 67.

Roumanie, 52, 67.

Russie, 52, 67.

Serbie, 29.

Suède et Norwège, 28, 29, 32, 67.

Suisse, 21, 28, 32, 39, 44, 67.

Turquie, 28, 32, 66.

Uruguay, 52, 66.

Vénézuéla, 52, 53, 67.

1. — L'abandon en matière de propriété industrielle est le fait par lequel le domaine public entre ou rentre en possession de la chose (nom commercial, marque ou enseigne), par la volonté du légitime possesseur. La condition essentielle, en effet, pour qu'il y ait abandon,

c'est que l'ayant droit consente à la dépossession. Hors de là, il peut y avoir déchéance, expropriation, mais il n'y a pas abandon, dans le sens juridique du mot. Tel est le critérium qui distingue l'abandon des autres modes d'accroissement du domaine public. (*Voy.* Domaine public, Déchéance, Expropriation, Désignation nécessaire, Etranger, Banalité, Freizeichen, Marques libres.)

2. — La question d'abandon est loin de se présenter sous le même aspect dans les diverses branches de la propriété industrielle. S'il s'agit d'inventions brevetables, de dessins ou de modèles de fabrique, elle se confond avec celle de déchéance, car les propriétés de cette nature se conservent exclusivement par l'accomplissement de certaines formalités, ou la prohibition de certaines conditions d'exploitation, hors desquelles il y a déchéance légale : mais il n'en est pas de même pour les marques, et surtout pour le nom commercial et l'enseigne, qui, dans bon nombre de législations, restent la propriété de l'ayant droit, sans qu'il soit assujetti à aucune obligation réglementaire.

3. — Les principes qui dominent la matière peuvent se résumer ainsi : 1° l'abandon ne se présume pas ; 2° la tolérance n'implique pas l'abandon.

Pour que le juge puisse admettre l'abandon, il faut qu'il en existe des preuves directes, ou des preuves indirectes tellement nombreuses, précises et concordantes, que l'intention de délaissement soit de toute évidence.

4. — Ces règles sont absolues ; mais ce serait une égale erreur de croire, ou qu'elles sont d'une application mathématique, ou qu'elles relèvent exclusivement de l'appréciation du juge. De plus, leur portée varie suivant la nature du droit privatif qu'elles protègent. En ce qui concerne les marques, par exemple, il y a lieu de n'appliquer les principes qu'en tenant compte du point de départ de l'appropriation, lequel change nécessairement suivant que le dépôt est attributif ou déclaratif de propriété. De même pour le nom commercial, suivant que la législation locale le considère comme cessible ou inaliénable. Aussi devrons-nous examiner tour à tour le cas d'abandon dans ses diverses applications, d'après le critérium spécial résultant de la loi ou de la jurisprudence, dans chacune des branches du droit dont il s'agit dans cet ouvrage.

5. — Toutefois, il est nécessaire de faire au préalable, et une fois pour toutes, une distinction fondamentale entre les faits remontant à une époque antérieure à l'établissement de la loi positive, telle qu'elle

fonctionne aujourd'hui dans les divers États du globe, et ceux qui sont nés sous l'empire de cette même loi. Pour les premiers, les empiétements abusifs du domaine public ont été consacrés à tel point par le temps, qu'ils échappent aux règles présentement en vigueur. Il n'y a point malheureusement à revenir sur ces erreurs d'un autre âge, qui sont parfois aussi des iniquités; mais s'il est indispensable de les signaler, c'est surtout pour constater que, d'un consentement unanime, elles ne constituent pas des précédents opposables aux revendications relatives à des actes d'usurpation, perpétrés depuis la réglementation, relativement récente, de ces grands intérêts.

6. — Nous avons dit que l'abandon implique nécessairement le consentement explicite ou implicite de l'ayant droit. Les auteurs et la jurisprudence sont unanimes à cet égard. (*Voir* nᵒˢ 7, 8, 10, 12, 15, 17, 19, 21, 24, 34, 35, 47, 48, 61, 62, 63, 64.) La question revient donc uniquement à exposer les indications juridiques auxquelles se reconnaît le consentement implicite, car la volonté formellement exprimée ne nécessite aucun commentaire; mais il est rare que le cas se présente avec cette netteté. Au contraire, l'hypothèse du consentement implicite se rencontre fréquemment et sous des formes multiples; néanmoins ses manifestations les plus fréquentes rentrent assez exactement dans les quelques classifications que nous allons examiner successivement.

§ 1. — ABANDON EN MATIÈRE DE NOM COMMERCIAL

7. — *Nom de l'inventeur*. — Aucune difficulté quand un inventeur breveté a attaché son nom à l'objet de son invention, avec l'intention manifeste d'en faire à l'avenir, dans un but de gloire personnelle, la désignation nécessaire et usuelle du produit. Il n'y a donc, en pareille occurrence, qu'à s'en référer aux pièces sur lesquelles le brevet a été délivré; mais il est évident que tout autre écrit émanant de l'inventeur, tel que circulaires, prospectus, exprimant les mêmes intentions, aboutirait au même résultat. « La condition première et essentielle, « dit très nettement M. Pataille (*Ann.* XV, 236), c'est que ce soit avec « le consentement du propriétaire du nom que cet usage se soit établi, « ce qui arrive lorsque l'inventeur donne *lui-même* son nom à l'objet « breveté. » Ces principes ont été constamment appliqués, notamment pour la *Gélatine-Lainé* (C. de Paris, 26 mai 1865 *Ann.* XI, 347) :

« Attendu — dit le jugement confirmé par la Cour, par adoption des motifs — que, loin de faire des réserves sur l'emploi de son nom,

Lainé employait la même désignation dans les circulaires par lesquelles il recommandait son successeur à sa clientèle. »

Même solution dans l'affaire des *Crémones-Charbonnier*. (Trib. de
comm. de la Seine, 27 juillet 1853. — Théron contre Fretté. — *Lehir*,
62.2.535.)

Même solution encore à l'occasion des *Châles-Ternaux*, ainsi dési-
gnés par l'inventeur lui-même. (*Ann.* XV, 90.)

8. — Par contre, la solution est inverse quand le consentement de
l'inventeur fait défaut. Citons, comme exposant parfaitement la question, un arrêt rendu à l'occasion du nom de Howe par la Cour de
Paris, le 16 nov. 1875 :

« Attendu que si, dans le langage ordinaire et par abréviation, la
« machine à coudre a pu recevoir le nom de celui qui a le plus con-
« tribué à la vulgariser, on n'en peut tirer la conséquence qu'elle s'est
« approprié le nom de Howe et a déshérité Howe lui-même et sa
« famille ; que le nom patronymique est la propriété la plus intime, la
« plus nécessaire et la plus imprescriptible ; que, loin qu'on ait pu
« établir que Elias Howe, ses enfants ou ses cessionnaires, aient
« jamais consenti l'abandon de cette propriété, il résulte au contraire
« des documents de la cause, ainsi que l'ont reconnu les premiers
« juges, que leur premier soin comme leur intérêt a été de conserver
« un nom qui était à la fois leur honneur et la source de leur fortune... ;
« — Attendu que s'il n'a pas fait breveter en France ses inventions
« et perfectionnements, lesquels sont tombés dans le domaine public,
« il n'a jamais ni expressément ni tacitement abandonné le droit
« d'apposer son nom sur les produits de son invention, voulant ainsi
« profiter pour lui-même ou pour ses successeurs du crédit qu'il
« s'était acquis par son labeur et les soins apportés à sa fabrication. »
(*Voy.* Howe.)

9. — Même décision par la même Cour, quant au nom de Liébig,
dont le libre usage était réclamé par les fabricants d'extrait de viande,
avec cette particularité que le tribunal de commerce de la Seine avait
adopté les prétentions des défendeurs, par les motifs suivants :

« Attendu que le baron Liébig, après avoir attaché l'honneur et,
« comme on dit, la gloire de son nom à la vulgarisation du procédé
« qu'il a eu le mérite et le bonheur de découvrir, ne peut pas aujour-
« d'hui ressaisir, au profit d'un intérêt mercantile, ce qu'il avait aban-
« donné à la société dans un intérêt d'humanité. » (Trib. civil de la
Seine du 26 juillet 1870. — *Voy.* Liébig.)

10. — La Cour, trouvant qu'on ne faisait pas suffisamment la

preuve du consentement de l'illustre chimiste à l'abandon de son nom au domaine public, a infirmé en ces termes : « Attendu qu'un « tel abandon ne se présume pas, et qu'il doit être prouvé d'une façon « soit expresse, soit tacite, mais, dans l'un et l'autre cas, placé au- « dessus de toute équivoque. » (C. Paris, 12 janvier 1874. — *Voy.* Liébig.)

11. — La Cour de cassation a enfin fourni le critérium dans un arrêt récent, survenu après des débats longs et approfondis, au sujet du nom de Bully quel'on prétendait indissolublement lié à un produit de parfumerie bien connu. Bully n'ayant pas donné son nom à son invention dans le brevet par lui obtenu, et n'ayant jamais consenti, pas plus que son fils, par aucun acte valablement opposable, à l'abandon de ce nom à l'industrie, la Cour suprême a rendu, le 15 avril 1878, sur les conclusions conformes de M. l'avocat général Desjardins, l'arrêt de principe suivant :

12. — « Attendu que sans doute les procédés de fabrication d'un « produit breveté tombent dans le domaine public à l'expiration du « brevet, mais qu'il en est autrement du nom de l'inventeur ; que cette « règle ne saurait recevoir d'exception que dans le cas où par un long « usage, ou par suite du consentement soit exprès, soit tacite, du « breveté, son nom patronymique, étant devenu la seule désignation « usuelle de son invention, est employé pour indiquer le mode ou le « système de fabrication, et non l'origine du produit fabriqué ;
« Attendu qu'il est déclaré par l'arrêt attaqué. que Claude Bully « n'a nullement manifesté l'intention de lier d'une manière indisso- « luble son nom au profit de son invention ;
« **Par ces motifs, rejette, etc.** »

13. — Certaines expressions dans cette remarquable sentence nécessitent une observation. Il est dit que le *long usage* peut faire tomber un nom dans le domaine public. Il n'est pas inutile de rappeler que cette cause d'abandon ne se rapporte qu'à la catégorie d'intérêts nés, ainsi que nous l'avons exposé (*Voy.* n° 5). avant les lois qui régissent aujourd'hui la matière.

14. — Tel qu'il est, cet arrêt aurait suffi pour fixer la jurisprudence ; mais il a été singulièrement corroboré par un arrêt subséquent du 14 mars 1881, réformant un arrêt de la Cour de Paris rendu avant le critérium fourni par la Cour de cassation. La Cour de Paris, tout en déclarant que la désignation « vinaigre de Bully » employée par d'autres que les successeurs de Bully était illicite, avait jugé que la locution « d'après la recette de Bully » ne l'était pas. La Cour de cas-

sation a jugé que cette mention du nom de l'inventeur était une usurpation. Elle a cassé l'arrêt dans les termes suivants, dont là précision ferme là porte à toute échappatoire, et fait disparaître ce qui, dans le précédent, aurait paru, par insuffisance de rédaction, légitimer certains abus :

15. — « Attendu que le nom patronymique d'un inventeur reste sa « propriété exclusive à l'expiration de son brevet, et ne peut pas être « employé sans son assentiment par ceux qui fabriquent le produit « tombé dans le domaine public ; que cette règle souffre, il est vrai, « une exception dans le cas où, par le consentement soit tacite, soit «exprès, de l'inventeur, son nom est devenu la seule désignation « usuelle et nécessaire du produit breveté ; mais que les tribunaux ne « sauraient autoriser une telle dérogation au principe général, qui ne «permet de se servir du nom d'autrui, qu'à la condition de constater « expressément l'existence des circonstances qui peuvent la justifier. » (*Rég. int. de la Propr. ind.*, 1882, p. 27.)

16. — La Cour de renvoi, se conformant à cette doctrine, a rendu, le 4 août 1881, un arrêt dont nous reproduisons les motifs suivants :

17. — « Attendu que, dans les brevets d'invention et de perfection-« nement obtenus en 1809 et 1814, le vinaigre fabriqué est désigné « sous le nom de *vinaigre aromatique* ou *antiméphitique* ; que le nom « de l'inventeur n'y est pas expressément attaché, et qu'on ne peut « dire que sa volonté ait été d'en faire la marque essentielle du pro-« duit. » (*Rég. int.*, 1882, p. 27.)

18. — Il résulte, par application de ces principes, que si l'inventeur a, comme Carcel, par exemple, indiqué, à titre de désignation de son invention, une dénomination de fantaisie, telle que celle de *Lampe-modérateur*, les fabricants concurrents n'ont aucun droit d'employer la désignation Lampe Carcel pour faire connaître les lampes-modérateur sortant de leurs ateliers. (Trib. de comm. de la Seine du 13 janv. 1843. — *Gaz. Trib.*, 14 janv.) Bien plus, la dénomination *Lampe-Carcel* pourra être déposée très valablement par l'inventeur comme marque de fabrique, au sens de l'art. 1 de la loi du 23 juin 1857.

19. — Il importe peu que le commerce ou même le public aient adopté comme plus commode, dans l'usage, l'apposition du nom de l'inventeur pour en faire une désignation générique du produit. Autrefois, cet abus n'étant pas réprimé, a entraîné, en fait, de véritables expropriations. Il est clair que les héritiers de Bretelle et de Quinquet seraient mal venus aujourd'hui à revendiquer l'usage exclusif de ces

noms ; mais, nous l'avons dit au début (n° 5), les abus de cette époque n'ont rien à voir avec les règles du droit nouveau. Or la fantaisie ou les convenances du public ne suffisent plus pour dépouiller un fabricant de son nom.

« Le propriétaire du nom, dit M. Pataille, ne saurait le perdre par « cela seul que le public l'emploiera de préférence à la désignation « scientifique et commerciale. » (*Ann. XIII,* 169.)

M. Pouillet s'associe fermement à cette doctrine, qui a besoin d'être fréquemment rappelée. (*Marques de fabr.,* n° 384.)

On a vu plus haut (n° 9) qu'il ne suffit pas, pour exproprier Howe de son nom, que le commerce ait trouvé commode de dire Machines-Howe en vue de désigner certaines machines à coudre. De même, il ne suffit pas que, « dans le langage ordinaire et par abréviation » on donne le nom de *Chartreuse* aux imitations de la liqueur fabriquée à la Grande-Chartreuse. (*Voir* Abréviations et Chartreuse.)

Cette question a été longuement débattue en Italie et finalement tranchée dans le sens de notre doctrine par les cours de Florence et de Milan. On trouvera ces décisions, et la consultation longuement motivée que nous avons donnée à cette occasion, à l'art. Domaine public. (*Voir* aussi Abus.)

20. — Lorsque le possesseur du nom dont il conteste l'emploi aux tiers a réellement autorisé cet emploi, sans faire aucune réserve, cette autorisation est-elle irrévocable ? La Cour de Paris s'est prononcée pour la négative, dans les circonstances curieuses que voici :

Raspail adressa, en 1852, la lettre suivante à M. Combier-Destre, distillateur à Saumur, qui lui avait envoyé gracieusement des échantillons de l'Élixir qu'il fabriquait sous le nom d'*Élixir Raspail*, en se conformant à la formule publiée par Raspail lui-même, dans son *Manuel de la Santé* :

« J'ai reçu et dégusté, monsieur, les flacons de liqueur hygiénique « que vous venez de m'adresser : j'en ai trouvé la confection aussi « bonne au palais qu'à l'estomac ; je vous engage à n'en livrer au « public que de semblables. La probité porte bonheur. On a droit « d'être fier d'une fortune acquise, quand chaque piécette est tombée « dans la caisse, enveloppée dans une bénédiction. — J'ai l'honneur « de vous saluer.   « F.-V Raspail. »

Basée sur un pareil document, la bonne foi de M. Combier-Destre ne pouvait être douteuse. Aussi, lorsque Raspail l'assigna en suppression de son nom, *dix ans après*, le premier soin des juges fut-il de constater cette bonne foi et d'exclure toute pensée de concurrence déloyale.

La suppression n'en fut pas moins prononcée par la Cour de Paris, dans les termes suivants :

« La Cour : — Considérant qu'il est constant au procès, et reconnu « par toutes les parties, que la liqueur ou Elixir dont F.-V. Raspail a « donné publiquement la formule dans le *Manuel annuaire de la Santé* « est connue du public sous le nom de Liqueur ou Élixir Raspail ; que « cette circonstance suffit pour établir la bonne foi des intimés et exclure « de leur part toute idée de concurrence déloyale ; — Considérant que « si Raspail s'est borné à publier la formule, et n'a pas mis son nom « dans le domaine public, il résulte cependant de tous les éléments du « procès qu'il a implicitement autorisé les intimés à le donner comme « dénomination au produit par eux fabriqué suivant sa formule, et « que, dans cet état des faits, ceux-ci ne sauraient avoir commis un « fait dommageable, soit à F.-V. Raspail, soit à Raspail fils, qui ne « peut avoir plus de droits que son père ; — Considérant, toutefois, « que le nom étant une propriété imprescriptible, F.-V. Raspail a le « droit de limiter sa tolérance, et que, à défaut de son consentement « continué, l'usage que les intimés ont fait et prétendent faire de son « nom a été et serait abusif. » (C. de Paris, 9 nov. 1867. — *Voy.* Raspail.)

Nous n'entendons point critiquer l'arrêt et dire que la Cour a été trop loin. Nous reconnaissons, au contraire, que, dans l'état de la jurisprudence, sa décision est parfaitement justifiable. Mais il est permis sans doute de constater qu'elle a atteint les dernières limites de la protection due au nom commercial.

21. Nous n'en dirons pas autant de la jurisprudence infiniment regrettable que la Cour de Paris et la Cour de cassation ont inaugurée récemment, dans le cas où le nom se trouvant inclus dans une marque, le propriétaire de ce nom laisse tomber cette marque dans le domaine public.

On ne conçoit guère, au premier abord, qu'il puisse y avoir controverse. C'est, du reste, ce qu'on avait pensé jusqu'à ces derniers temps, sur la foi d'un arrêt souvent cité de la Cour suprême, dans lequel il est dit :

« Attendu que si l'usurpation du nom d'un fabricant n'est jamais un « acte licite, il n'en saurait être de même de l'usage d'un signe non « personnel que le fabricant aurait volontairement abandonné à la « généralité des commerçants. » (C. de cassation, 10 mars 1864. — *Voy.* Leroy c. Calmel.)

Le cas s'étant présenté dans des conditions à peu près identiques, douze ans après, la Cour de cassation a décidé la question dans un sens absolument opposé. Ce revirement complet dans la jurisprudence a été vivement critiqué, nous devons le dire, par l'unanimité des auteurs. On ne peut, en effet, qu'être frappé d'un grand étonnement lorsqu'on rapproche de la déclaration de principe plus haut rappelée cet autre critérium si différent :

« Attendu, dit l'arrêt, qu'aux termes de l'art. 1 de la loi du 23 juin « 1857, sont considérés comme marques de fabrique ou de commerce « les noms sous une forme distinctive ; que, dès lors, le nom accom- « pagné d'emblèmes ou de mentions auxquels il s'incorpore, et avec « lesquels il se confond, n'est plus, à la différence du nom isolé. que « l'un des éléments constitutifs dont la marque se compose. » (C. de cassation, 13 janvier 1880. — Vve Etienne Beissel c. Selkinghaus.)

Aux termes de cet arrêt un nom commercial figurant dans une étiquette perdrait son individualité. D'où il faudrait conclure pour être logique que tout nom commercial tombe dans le domaine public par cela seul qu'il est encadré dans l'une de ces vignettes appelées passe-partout qui sont employées par la généralité du commerce à titre de simple ornement. On voit à quel point une pareille jurisprudence est périlleuse. Hâtons-nous de dire que même après l'arrêt de cassation, la question reste pendante et que les deux gouvernements de France et d'Allemagne sont d'accord en principe pour régler diplomatiquement et législativement s'il y a lieu ce point important. Nous traiterons en son lieu dans tous ses détails cette grave question, dont la solution diplomatique a été préparée de longue main par l'Union des fabricants, des deux côtés de la frontière, et vivement appuyée par M. le sénateur Bozérian, près de notre ministère des affaires étrangères, avec l'autorité que donne à l'éminent jurisconsulte sa haute compétence en ces questions spéciales. (*Voy.* Domaine public, et Beissel.)

22. — Il nous reste à examiner une question d'un haut intérêt : le cas d'abandon, s'agissant de produits pharmaceutiques.

Et d'abord, l'inscription d'office du nom du premier préparateur au Codex par la Commission administrative ne saurait, en aucune manière, constituer un fait d'abandon, puisque l'intéressé ne peut l'empêcher, cet acte émanant d'une autorité sur laquelle il n'a pas d'action. Tout au plus, pourrait-on prétendre qu'il subit par là une expropriation. Mais l'expropriation par voie administrative, ce sont des idées qu'on ne saurait accoupler, dans l'état actuel de notre droit public. Cette question étant d'ailleurs en dehors de notre sujet, nous en remettons l'examen à l'article : Domaine public. Le seul point que nous ayons à examiner ici est celui de savoir si le seul fait que l'invention ou la vulgarisation a lieu sur le terrain pharmaceutique implique abandon *ipso facto* du nom ou de la dénomination donnés par l'inventeur ou le vulgarisateur, qui, en toute autre matière, bénéficierait des règles du droit commun.

Posé en ces termes, le problème est d'une solution facile. Il n'existe, en effet, aucune raison pour que l'initiateur, en matière pharmaceutique, soit placé dans une position autre, au pis aller, que tout inventeur à l'expiration de son brevet. En dehors des cas remontant à une époque reculée, ceux d'abandon volontaire, ou de désignation nécessaire, le pharmacien a droit évidemment à la même protection que les autres commerçants. Les auteurs, sauf Sirey (64.1.345), le reconnaissent tous en principe (*Voy*. Pouillet. 387. — Pat. *Ann*., 109. Rendu, 474. — A. Rendu, 52), et les tribunaux l'ont tous admis en fait. Comment se fait-il donc que la question ait pu rester, en droit, soumise jusqu'à ces derniers temps à des controverses injustifiables ? On va voir que le débat est resté obscur, pour n'avoir pas été circonscrit, et porté sur son vrai terrain. En réalité, si d'anciens arrêts, assez nombreux à la vérité, ont prétendu établir, en thèse générale, que la désignation sous laquelle un médicament est le plus connu appartient au domaine public, ils en ont toujours proscrit l'usage, en fait, à d'autres qu'aux légitimes possesseurs dudit nom, même précédé de la locution *suivant la formule de*... C'est ce qui ressort très clairement du célèbre arrêt de la Cour de cassation du 15 mars 1864, dans l'affaire de « l'Élixir tonique antiglaireux du Dr Guillié ».

23. — « La Cour : — Attendu que si le droit appartenant à tout « pharmacien de fabriquer et d'exploiter un médicament tombé dans « le domaine commun de la pharmacie emporte en général avec lui « la faculté de l'annoncer et de le débiter sous les dénominations qui « servent dans l'usage à le désigner, cette faculté cesse toutefois dans « le cas où l'emploi de ces dénominations constituerait un moyen de « concurrence déloyale au préjudice d'un autre fabricant, en indui- « sant le public en erreur sur la provenance des produits. » (*Voy*. GAGE.)

La vérité est que, en fait, l'emploi par un tiers du nom du premier préparateur est toujours de nature à établir une confusion et à constituer un acte de concurrence déloyale, si ce premier préparateur ou ses ayants droit continuent à fabriquer ; quand cette désignation n'est pas indispensable, il y a donc dol à l'employer. Aussi l'arrêt n'hésite-t-il pas à faire défense au concurrent de se servir du nom « d'Élixir tonique antiglaireux du Dr Guillié » pour désigner habituellement l'*Eau-de-vie allemande* du Codex, même avec l'atténuation *suivant la formule du D*^r *Guillié*. L'arrêt est donc, dans son dispositif, parfaitement conforme aux principes comme à l'équité ; mais le libellé des motifs ne laisse entrevoir que très vaguement les règles générales qu'il s'agissait d'appliquer purement et simplement.

Les termes des arrêts de la Cour d'Aix du 20 mars 1879 étant d'une clarté et d'une correction juridique qui ne laissent rien à désirer, nous ne saurions mieux faire que de les reproduire comme le modèle du critérium :

24. — « Attendu, d'ailleurs, que si, aux termes des lois spéciales,
« les pharmaciens, obligés à suivre les formules du Codex dans la
« préparation de leurs produits, ne peuvent, en aucun cas, revendi-
« quer la propriété industrielle des compositions, même découvertes
« par eux, ni faire de semblables découvertes l'objet d'un brevet d'in -
« vention, ils ont du moins, comme tout fabricant, un droit acquis à
« la propriété de la marque par eux adoptée pour désigner les pro-
« duits, non pas de leur invention, mais de leur fabrication ; c'est-à-
« dire que la loi les reconnaît propriétaires exclusifs de cette marque,
« destinée à faire connaître au public la provenance vraie desdits
« produits ;
« Attendu que, suivant une jurisprudence aujourd'hui constante,
« en dehors des cas exceptionnels où, pour spécifier certaines com-
« positions pharmaceutiques dites *remèdes secrets*, le nom de l'inven-
« teur est le seul qualificatif, soit indiqué au Codex, soit universelle-
« ment reconnu, et où ce nom devient exceptionnellement un élément
« nécessaire de divulgation, avec lequel le produit lui-même se con-
« fond, il n'existe, en général, pour le fabricant d'un produit pareil,
« ni nécessité ni droit de désigner ce produit par le nom de son inven-
« teur ; que la jurisprudence, usant, à cet égard, d'une juste sévérité,
« a réprouvé, comme contraires à l'esprit de la loi, toutes les locutions
« plus ou moins captieuses (*dit* ou *dite*..... *système de* .... *procédé*
« *de*..... *comme*..... *imitation*.....) dans lesquelles le rapprochement
« intentionnel du nom de l'inventeur et de celui du fabricant a pour
« but manifeste de procurer au dernier un bénéfice reconnu illicite. »
(*Voy.* BLANCARD, BLAUD, DEHAUT, FUMOUZE FRÈRES. — Aix, 20 mars 1879.)

25. — *Raison sociale*. — Lorsque le nom commercial s'offre sous forme de raison sociale, la doctrine est la même ; mais des cas nouveaux se présentent naturellement, par exemple le cas d'extinction de la Société qui a fixé la raison sociale. En ce cas, y a-t-il abandon ? Il y a lieu à distinguer :

26. — Si l'extinction de la Société est telle qu'il y ait liquidation par

suite de cessation de commerce, il y a certainement abandon, et il est
regrettable que le législateur n'ait rien fait pour prévenir explicitement tout abus. Sans doute le principe général inscrit dans l'art. 1382
peut être appliqué par les tribunaux, dont la libre appréciation reste
entière, mais cette sanction est loin d'être applicable à tous les cas où
la morale et la protection due aux tiers exigeraient des prescriptions
formelles.

Si une Société naissante constitue, bien entendu conformément au
Code de commerce, une raison sociale reproduisant servilement une
autre raison sociale éteinte de la veille, les anciens membres de cette
dernière obtiendront peut-être, et à grand'peine en tout cas, une in-
jonction plus ou moins efficace; mais s'ils ne réclament pas, pour une
raison ou une autre, le public sera évidemment induit en erreur, sans
qu'aucune voie de droit reste ouverte à qui que ce soit.

Si la raison sociale éteinte était une marque connue et appréciée, la
tromperie est plus étendue encore, mais non moins impunie. Nous
verrons plus loin que certaines législations sont à cet égard beaucoup
plus prévoyantes que la nôtre. (*Voy.* n° 60.)

27. — Après avoir envisagé l'hypothèse où une Société est éteinte
par cessation de commerce, examinons celle où les anciens associés
se rétablissent isolément. Il est évident que chacun d'eux a un intérêt
moral, et presque toujours matériel, à ce que des homonymes ne
prennent pas, pour raison sociale, le libellé de celle qui a pris fin;
mais il s'agit de démontrer au juge que les survenants « ont évidem-
« ment cherché à créer une confusion dans l'esprit de la clientèle,
« pour faire croire que la maison qu'ils vont créer est une suite de
« l'ancienne, afin de profiter ainsi, au détriment d'autrui, d'une répu-
« tation acquise, » (Trib. de comm. de Nancy, 27 mars 1876. Kahn
frères contre Durlach. — *Ann. XXIV*, 74), ou que, tout au moins, cet
effet pourrait se produire, avec ou sans mauvaise intention, et qu'il
dépasserait les limites de la concurrence licite. Ce ne sont point là
preuves faciles à faire, et, en l'absence de preuves, le juge est peu
disposé à restreindre la liberté de l'industrie. Toutefois, on verra à
l'article Liquidation que, malgré le silence de la loi, la jurisprudence a
pu poser des règles suffisamment protectrices des intérêts en cause,
en France tout au moins.

28. — Nous avons exposé, dans tous ses détails, l'état de la législa-
lation et de la jurisprudence en France, quant à l'abandon en matière
de nom commercial.

En principe, il en est de même dans tous les pays; mais, dans l'application, le juge décide, en fait, tantôt d'une façon, tantôt de l'autre,

soit faute de connaître suffisamment le critérium applicable à la matière, soit par suite de son appréciation que le fait est régi ou ne l'est pas par la prescription acquise au domaine public, pour les noms d'inventeurs dont l'invention remonte à une époque où il n'existait pas de règles précises.

C'est ainsi qu'il faut expliquer les décisions souvent contradictoires rendues en Belgique, en Angleterre et aux États-Unis. (*Voy.* Abus et Désignation nécessaire.)

Il est toutefois des pays où la question d'abandon est envisagée de façon tout à fait différente à divers points de vue.

La divergence la plus accentuée apparaît dans la législation de la République Argentine, où la tolérance d'une usurpation publique du nom commercial pendant un an implique abandon. (*Voy.* République argentine, *Loi sur les marques*, art. 25.) On ne saurait trop signaler cette disposition dangereuse aux industriels dont le nom constitue à lui seul la marque.

29. — En Allemagne, en Autriche, en Suède et Norwège, en Serbie, et dans tous les autres pays où les industriels sont tenus de faire inscrire leur nom dans le Registre des Firmes, l'omission de cette formalité, outre qu'elle expose généralement à l'amende, entraîne aussi, ce qui est plus grave, l'abandon de la *firme* en ce sens que si un tiers fait enregistrer cette même *firme* sans qu'il y ait fraude (bien entendu), il a le droit d'interdire à tous autres d'employer ladite firme, tandis que si la maison ayant la priorité d'emploi avait eu la prévoyance de se ménager la priorité d'enregistrement, c'est elle qui aurait pu juridiquement obliger les survenants à modifier une firme ou semblable, ou trop rapprochée.

Au premier abord, cette conséquence de la loi semble fâcheuse; mais, dans la pratique, il résulte de l'obligation légale, que tout industriel tenu à l'enregistrement de sa firme, s'empresse de le requérir comme un droit précieux, qui le protège contre toute tentative d'usurpation.

En cas de contestation, en effet, il n'a pas à plaider : il n'a qu'à prendre jugement.

30. — En Italie, les chambres de commerce sont en instance depuis dix ans pour obtenir la même législation; mais, malgré ce désir unanime du commerce, la question est encore à l'étude. On peut dire qu'il en est de même en France, où l'Union des fabricants a longuement développé le même vœu à l'occasion de la proposition de loi de M. le sénateur Bozerian sur le nom commercial. Du reste, l'enquête faite par le Ministère de l'Agriculture et du Commerce a démontré que

nombre de corps constitués partagent cette manière de voir, ainsi qu'on le verra ultérieurement. (*Voy.* Enregistrement, Firme, Nom commercial.)

§ 2. — Abandon en matière de marques.

31. — Il importe d'établir tout d'abord une distinction entre les législations, au point de vue de la base qu'elles donnent au droit d'usage exclusif. Il est évident que la présomption, et même le fait d'abandon, ne sauraient être fondés sur les mêmes données, suivant que le législateur a pris pour point de départ la priorité d'emploi ou la priorité de dépôt.

32. — Dans les pays où la priorité d'emploi fonde seule le droit : — Angleterre, Australie du Sud, Belgique, Brésil, Canada, Colombie, Cap, Ceylan, Egypte, Etats-Unis, France. Hong-Kong, Indes anglaises, Italie, Luxembourg, Nouvelle-Galles du Sud, Portugal, Suède et Norwège. Suisse, Turquie, Victoria, — les principes régissant le nom commercial quant à la présomption d'abandon sont également applicables à la marque; mais l'application en est modifiée par suite des différences existant par la force des choses et dans la législation d'un même pays, la France, par exemple, entre le nom commercial et la marque. La marque est déposable. Le nom commercial ne l'est pas. La marque est empruntée au domaine public, *res nullius.* Le nom commercial se confond d'ordinaire, dans une large mesure, avec le nom patronymique.

Si donc il est vrai de dire, de la marque comme du nom, que l'abandon ne se présume pas, que la tolérance n'implique pas l'abandon et enfin que l'abandon ne peut résulter que du consentement exprès ou tacite de l'intéressé, les conditions admises par les auteurs et la jurisprudence pour que ce consentement soit démontré ne sont pas tout à fait les mêmes, parce que les conditions d'appropriation ne sont pas identiques.

33. — L'appropriation en matière de marque ne consiste pas seulement, en effet, dans le premier emploi, mais encore dans l'emploi *animo domini*, c'est-à-dire avec l'intention évidente de se créer une marque, et non pas seulement d'orner son produit ou d'en indiquer les qualités ou le prix. Cette intention se manifeste par un emploi suivi, des actes de revendication directs ou indirects, enfin par le dépôt. Si donc le créateur d'une étiquette a laissé tout le monde s'en servir, ne s'en est servi lui-même que d'une façon très accidentelle; si non seulement il ne l'a pas déposée, mais encore si, par avis ou recommandation au

public, il n'a rien fait pendant longtemps pour manifester son intention de conserver cette étiquette à titre de marque personnelle, les tribunaux déclareront qu'il n'y a pas eu appropriation légale ou que tout au moins il y a eu abandon. Dans l'hypothèse qui vient d'être exposée, l'étiquette, devenue par un usage général l'indication de la nature du produit, sera dans le domaine public, non à titre de *res nullius*, mais à titre de *res omnium* Celui qui l'a créée ne pourra en faire l'objet d'une appropriation par un dépôt tardif.

Ainsi décidé par la Cour de cassation dans les termes suivants (Leroy c. Calmel — 10 mars 1864 — *Voy.* Leroy c. Calmel) :

34. — « Attendu que si l'art. 2 prérappelé dispose que nul ne peut « revendiquer la propriété exclusive d'une marque avant d'avoir « déposé deux exemplaires de cette marque au greffe du tribunal de « commerce de son domicile, ce dépôt ne constitue pas un droit « exclusif à la propriété de la marque, qu'il est nécessaire seulement « pour en exercer la revendication ; qu'il y a toujours à rechercher si « ce droit existait préalablement au dépôt, et si, comme dans l'espèce, « le déposant n'y avait pas renoncé ; que si l'usurpation du nom d'un « fabricant n'est jamais un acte licite, il n'en saurait être de même de « l'usage d'un signe non personnel que le fabricant aurait volontaire« ment abandonné à la généralité des commerçants ; — Attendu qu'il « est constaté par l'arrêt dénoncé que Calmel, sur les étiquettes dont « il s'agit au procès, n'a usurpé ni le nom ni la demeure de la partie « civile ; que l'usurpation prétendue résulterait seulement de la forme, « de la couleur du papier et des lettres, de la disposition de celles-ci, « mais que ces forme, couleur et disposition sont généralement adop« tées dans le commerce de la vente du cirage ; qu'ils ont un carac« tère banal et que le domaine public en était en possession avant « et depuis le dépôt ; que de l'ensemble de ces circonstances la Cour « impériale de Paris a pu conclure que Leroy avait abandonné au « public l'usage de la marque dont il a cru devoir plus tard réclamer « la possession exclusive. »

35. — Si l'ensemble des conditions énumérées plus haut ne se trouve pas réuni, il n'y a pas abandon.

Dans une affaire récente, qui a attiré l'attention par le haut intérêt des questions multiples qu'elle soulevait, MM. Ph. Vrau et Cᵉ, filateurs à Lille, se sont vu opposer une tolérance de quinze ans et l'absence de toute poursuite, en présence d'un emploi de plus en plus général de leur marque ; mais la Cour de Douai a jugé avec raison que toutes les conditions nécessaires pour constituer l'abandon n'étant pas réunies, il n'existait pas juridiquement.

« Attendu, dit l'arrêt, que la Société Pouillier-Longhaye (la défen-
« deresse) ne prouve pas que Philibert Vrau et Cᵉ aient abandonné
« aucune des marques par eux revendiquées, et les aient, à un moment
« donné, laissées à l'entière disposition du commerce; que Philibert
« Vrau et Cᵉ justifient au contraire de l'usage constant et de la pos-
« session continue de ces marques, de leur intention formelle d'en
« conserver la propriété exclusive, et de leur volonté manifeste de les
« protéger contre les usurpations. » (C. de Douai, 1ᵉʳ avril 1881. —
Voy. Vʀᴀᴜ c. Pouillier-Longhaye.)

La tolérance, poussée aussi loin que possible, ne constitue pas à elle
seule l'abandon, même quand l'imitateur aurait exposé à côté du légitime propriétaire de la marque, dans une grande Exposition, et aurait
déposé cette marque depuis dix ans. (Trib. civil de la Seine. — Dupont
c. Caussin, 17 avril 1879. — *Voy.* Dᴜᴘᴏɴᴛ c. Caussin.) Le motif donné
avec raison par le tribunal est que « l'intérêt est la mesure des
actions ».

Dans une autre affaire, où la tolérance était également opposée
comme fin de non-recevoir, le même tribunal explique sa pensée :

36. — « Attendu que la tolérance de la maison Bouasse-Lebel, alors
« qu'une contrefaçon restreinte ne lui causait qu'un faible préjudice,
« ne lui a pas fait perdre le droit de poursuivre cette contrefaçon, le
« jour où elle a pris des proportions plus étendues. » (Trib. civ. de la
Seine. — Bouasse-Lebel c. Mayaud frères et Adry. — *Ann. XXII*, 12.)
La doctrine du jugement a d'autant plus de poids, il importe de le
noter, que l'instance a été suivie jusqu'en cassation, avec gain de la
maison Bouasse-Lebel devant toutes les juridictions. (*Voy.* Bᴏᴜᴀssᴇ-
Lᴇʙᴇʟ c. divers.)

37. — La tolérance dépasse-t-elle trente ans, cette circonstance ne
saurait pas davantage, à elle seule, impliquer abandon. Ainsi jugé,
même en matière correctionnelle, par la Cour d'appel de Paris en date
du 8 janvier 1876, dans l'espèce suivante : La femme Lemit, prévenue
de contrefaçon des marques de l'*Eau des Carmes*, ayant posé les conclusions suivantes : « Dire que l'absence de poursuite pendant plus
« de trente ans équivaut à un abandon de la part d'Amédée Boyer; »
ces conclusions furent repoussées par la Cour comme *inadmissibles*.
(*Voy.* Eᴀᴜ ᴅᴇs Cᴀʀᴍᴇs. — Boyer c. Lemit.)

38. — Enfin, la tolérance trentenaire et la présence simultanée à
diverses Expositions fussent-elles réunies dans la même espèce, il n'y
aurait pas pour cela abandon. C'est ce qui résulte du jugement suivant, qui a acquis l'autorité de la chose jugée :

« Attendu qu'il résulte des documents versés au procès, d'une part,

« que depuis plus de trente années, de Roubais, Jenar et C⁰, ou leurs
« prédécesseurs, ont constamment vendu les objets de leur commerce
« sous la dénomination de *Bougie de l'Etoile* ou *Bougie de l'Etoile*
« *Belge*, et, d'autre part, que dans toutes les Expositions, soit en Bel-
« gique, soit en Angleterre, soit même en France, ils ont exposé leurs
« produits sous ces dénominations à côté du produit que de Milly
« exposait lui-même, sans que celui-ci ait jamais formulé de réclama-
« tion ou de protestation; que la longue tolérance du sieur de Milly a
« donc pu être considérée jusqu'à un certain point par de Roubais,
« Jenar et C⁰, comme un consentement tacite à ce qu'ils se servissent
« de sa marque; mais que cette circonstance, qui doit faire présumer
« leur bonne foi, ne saurait empêcher que de Milly soit maintenu
« dans l'usage exclusif de sa marque; et qu'on ne rapporte pas la
« preuve juridique qu'il en ait fait la concession ou l'abandon au
« profit des défendeurs. » (Trib. civil de Bordeaux, 14 février 1866.
Rég. int. 1882, p. 176.)

39. — Il peut se faire qu'après l'avoir déposée, le propriétaire de la
marque n'en fasse pas usage. Peut-on lui opposer l'exception d'abandon? Non, en principe. Toutefois, si le déposant n'a eu simplement
en vue que d'empêcher autrui de déposer la marque en cause, sans
intention de l'exploiter lui-même et n'a eu enfin d'autre objectif qu'un
accaparement blâmable, le dépôt peut être annulé (*Voy.* Accaparement); mais le seul fait d'avoir différé l'usage d'une marque ne saurait être taxé d'abandon, car mille causes légitimes peuvent avoir
motivé un retard ou une intermittence. Toutefois, en pareil cas, on
peut s'attendre à ce qu'un tribunal de répression admette la bonne foi
du prévenu. Ainsi jugé par le tribunal correctionnel de la Seine le
27 février 1873 (Laterrière c. Brosset. — *Ann. XVIII*, 294) :

« Attendu que si Laterrière a fait insérer dans divers journaux, de
« 1869 à 1871, des annonces commerciales portant ce titre : *Sommier-*
« *Tucker élastique*, et en sous-titre : *Sommier américain*, il est certain
« qu'il n'a jamais fait usage de cette dernière dénomination (la marque
« en litige), ni sur ses produits, ni sur ses factures, ni dans ses pros-
« pectus jusqu'en 1872; qu'il faut même remarquer que cette déno-
« mination n'était pas employée dans la facture de sommiers fournis
« à Brosset lui-même; que, sans doute, le défaut d'usage public de
« sa propre marque ne lui a pas fait encourir la déchéance de son droit
« exclusif, mais que, dans un pareil état de choses, la fraude et la
« mauvaise foi de Brosset ne paraissent pas suffisamment établies. »
Le tribunal n'en ordonne pas moins la confiscation des produits
portant la dénomination usurpée.

Dans le *Projet de codification* que nous avons eu l'honneur de présenter au Congrès international de la Propriété industrielle de 1878, au nom de l'Union des fabricants pour la protection internationale de sa propriété industrielle, projet qui fut adopté comme base de la discussion (compte rendu sténographique, p. 552. — Imprimerie nationale, 1879), nous proposions de fixer un délai à l'expiration duquel le non-usage impliquerait abandon. Le congrès arriva à la limite de sa laborieuse session sans avoir pu discuter ce point; mais les délégués du gouvernement suisse en avaient pris bonne note, avec cette attention vigilante qu'ils apportèrent à suivre les moindres détails de ces grandes assises. La commission chargée d'élaborer la loi sur les marques, en préparation, fut amenée ainsi à étudier une disposition visant le non-usage. Aussi, la loi du 19 décembre 1879 contient-elle un article précis à cet égard. Le voici :

« Art. 10. Sera déchu des droits résultant de l'enregistrement, « l'ayant droit qui n'aura pas fait usage de sa marque pendant trois « années consécutives. »

Ainsi sont conciliées les légitimes exigences du déposant et du Domaine public. La loi suisse est la seule qui les ait réglées explicitement.

40. — En cas de non-renouvellement du dépôt, à l'expiration de la période légale, ce non-renouvellement implique-t-il abandon ? Ici il faut distinguer. Il y a abandon, si non seulement l'ayant droit n'a pas renouvelé, mais encore a manifesté son abandon par d'autres actes, notamment par la substitution à l'ancienne marque d'une nouvelle marque essentiellement différente, c'est-à-dire ne pouvant être considérée comme une transformation ou une modification de la précédente. Dans le cas contraire, le manque de renouvellement n'a d'autre effet que de replacer le retardataire dans la situation où il se trouverait s'il n'avait jamais déposé, il conserve donc le droit de faire un nouveau dépôt et de poursuivre toute usurpation postérieure à l'accomplissement de cette dernière formalité. Ainsi jugé par arrêt de la Cour de Paris le 14 avril 1877, confirmé en cassation le 22 décembre de la même année (*Voy.* Dupont c. Debry).

« Attendu, dit le jugement, que cette société (Dupont et Des- « champs) avait déposé, conformément à la loi, ladite marque de « fabrique au greffe du tribunal de commerce de Beauvais, le 26 fé- « vrier 1859, et que ce dépôt a été renouvelé par Dupont le 4 mai 1876;

« Considérant, poursuit l'arrêt, que pour la fixation des dommages- « intérêts la Cour ne peut prendre en considération que le temps « écoulé entre le second dépôt de la marque effectué le 4 mai 1876 « et l'assignation du 16 décembre suivant. »

La sanction résultant de l'oubli momentané de renouvellement réside donc exclusivement, ainsi qu'on vient de le voir, dans l'impossibilité de réclamer des dommages-intérêts en cas de procès pour les faits antérieurs au renouvellement.

41. — Au Brésil, l'absence de renouvellement a exactement les mêmes effets qu'en France. Il résulte en effet de la discussion au Sénat qu'en l'absence de dépôt, la marque peut être revendiquée par l'action en concurrence déloyale. Or, comme la juridiction commerciale est établie en matière civile, on voit que, hors de la voie correctionnelle, le défaut de dépôt ou de renouvellement ne donne pas à l'instance un caractère bien différent de celui qu'elle aurait dans l'autre hypothèse.

Aux Etats-Unis, la nouvelle loi fédérale ne faisant pas du dépôt une condition de revendication et réservant expressément toutes les lois existantes, la même solution s'impose à plus forte raison.

42. — En Belgique, les déclarations faites à la tribune avec autant d'insistance que de clarté, lors de la discussion de la loi, établissent nettement l'état des choses. Le rapporteur, l'honorable M. Demeur, s'est exprimé ainsi :

« Il importe qu'il n'y ait aucun doute sur les conséquences du défaut de renouvellement : à défaut de faire ce nouveau dépôt, le titulaire de la marque n'aura aucune action en justice. Sa marque cessera d'être protégée soit par l'action publique, soit par l'action civile; mais si, après le délai fixé, il fait le dépôt, ce dépôt sera valable, et il produira ses effets pour l'avenir, mais pour l'avenir seulement. » (*Annales parlementaires*. — Séance du 28 janvier 1879.)

43. — En Italie, la situation juridique a été interprétée exactement de même par arrêt de la Cour de cassation de Florence du 22 février 1875 (Birindelli c. Borgognoni) : d'une part, droit à la marque par le fait de premier emploi; d'autre part, défaut absolu d'action en l'absence de dépôt.

Il est à peine besoin de dire que notre observation s'applique uniquement à la marque revendiquée comme telle, et non à l'une des propriétés déclarées exemptes de l'obligation de dépôt par l'article 5 de la loi « l'emblème caractéristique », par exemple, qu'il ne faut pas confondre avec la marque, ainsi qu'il sera expliqué au commentaire de l'article 5 de la loi sur les marques. (*Voy.* ITALIE, *Loi sur les marques.*)

44. — En Suisse, où le dépôt est déclaratif de propriété, on est extrêmement surpris de voir que la commission législative a considéré comme évident que, faute de renouvellement, la marque tomberait

dans le domaine public. Cette déclaration est absolument contraire au principe adopté, et comme elle ne saurait obliger les tribunaux, il est impossible de prévoir quelle sera la jurisprudence. En tout cas, il est prudent de renouveler avant l'expiration des quinze ans. (*Voy.* SUISSE, *Loi sur les marques.*)

45. — Si la marque dont le dépôt n'a pas été renouvelé en temps utile dans le pays d'origine avait été aussi déposée à l'étranger, l'interruption du droit privatif dans ledit pays de provenance aurait pour effet, à part quelques cas discutables, d'annuler les dépôts faits au dehors, attendu que le droit d'usage exclusif que le fabricant peut revendiquer à l'étranger n'étant qu'une conséquence de celui qu'il possède chez lui, l'absence de protection au point de départ entraîne déchéance partout. Cette déchéance est, du reste, inscrite dans bon nombre de lois ou traités. Mais il est permis de se demander si, dans le silence de loi locale et en l'absence de traité, cette rigoureuse conséquence est inévitable en ce qui concerne les pays qui protègent l'étranger sans exiger de réciprocité, et sans mentionner dans la loi positive l'obligation pour l'étranger d'une protection préalablement établie dans son pays. Nous pensons que dans cette hypothèse, qui vise plusieurs législations (*Voy.* n° 66), le renouvellement du dépôt même tardif dans le pays d'origine suffirait; mais, en l'absence de toute jurisprudence, il est évident que la question demeure controversable.

46. — L'exception d'abandon a été opposée dans un cas très spécial qu'il est important d'examiner avec quelque détail, car il offre une importance pratique qui se généralise de jour en jour.

Voici dans quelles circonstances la difficulté se produit. Un fabricant possède une marque figurative très demandée. Les intermédiaires sont bien obligés d'avoir en vente le produit revêtu de cette marque, car le consommateur l'exige; mais non seulement ils ne veulent pas que l'acheteur connaisse le nom du fabricant, mais encore ils tiennent à ce que leur nom ou leur marque de commerce se vulgarise, ce qui est très naturel. Supposons, pour fixer les idées, qu'un fabricant de tabletterie, Pierre Dulong, possède une marque très appréciée, une ancre, qu'il fait suivre souvent de son nom, en la manière suivante :

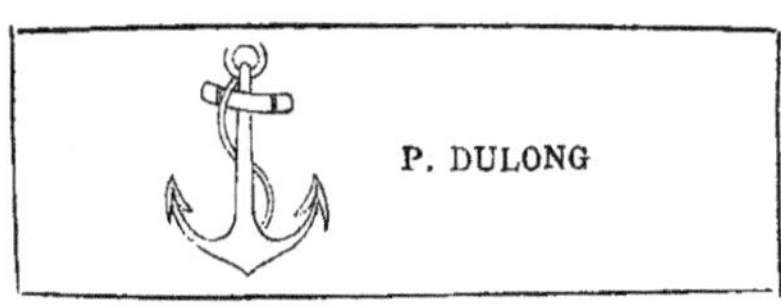

En dehors des débouchés directs qu'il a su se créer, ce fabricant place une grande partie de ses produits par l'intermédiaire de deux grandes maisons de commerce connues du public, l'une par sa raison de commerce : *Grand Magasin des Princes*, l'autre par son enseigne devenue sa marque, un écureuil.

Ces deux gros clients imposent au fabricant l'obligation de supprimer son nom, qu'ils ne désirent pas répandre, et d'imprimer à côté de sa marque le signe de ralliement de leur clientèle. On doit donc trouver dans le commerce le même produit de tabletterie revêtu tour à tour de l'une des indications suivantes :

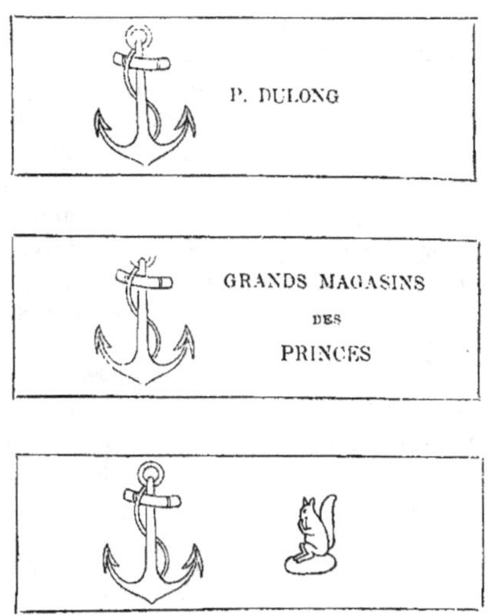

Inutile d'ajouter que, au lieu de deux clients manifestant les mêmes exigences, ce fabricant peut en posséder un très grand nombre. Sa marque devra-t-elle par là être considérée comme abandonnée à la corporation des tabletiers? Pas le moins du monde.

Rien n'est plus régulier que cette combinaison, et c'est uniquement parce qu'on n'a pas songé à poser simplement la question sur le terrain des principes qu'on y a vu des complications inextricables. En réalité, dans les exemples que nous venons de citer, il y a deux sortes de marques très définies et dont la concomitance est parfaitement licite. L'une, celle du fabricant, est la marque de fabrique, et l'autre, celle de l'intermédiaire acheteur, est la marque de commerce. Rien assurément ne s'oppose à ce que le fabricant et son client s'entendent pour que les deux marques soient imprimées par une même opération.

Toutefois nous pensons que, pour éviter tout débat même stérile, les parties feraient sagement de déposer, de manière à ne laisser place à aucune méprise. Le fabricant déclarerait en conséquence dans un dépôt spécial qu'il se réserve d'accoler à sa marque figurative, objet dudit dépôt, le nom ou la marque de ceux de ses clients qui lui en feront la demande, sans que cette juxtaposition de leur marque de commerce à sa marque de fabrique implique aucun abandon de sa part.

La Cour de Paris a eu à examiner la question, et à la trancher par arrêt du 17 mars 1877, de manière à fixer la jurisprudence. M. Carrère, fabricant de tapioca à Nantes, s'était entendu avec une maison de Paris, ayant de nombreux clients, pour lui fournir dans des enveloppes portant le nom de chaque client, et sa marque à lui Carrère, des pâtes de sa fabrication, en telles quantités qui lui seraient demandées. M. Carrère ayant eu des difficultés avec cette maison, elle cessa de lui prendre du tapioca, mais continua à en vendre à sa clientèle, dans les mêmes conditions que précédemment. M. Carrère poursuivit alors, et la maison fut condamnée pour le principe, croyons-nous, car si elle avait incontestablement tort en droit, il y avait en fait des circonstances plus qu'atténuantes.

Le lecteur lira certainement avec un vif intérêt, l'extrait suivant des remarquables conclusions prises au nom de M. Carrère par Me Pouillet. Elles sont parfaites, et il n'y a pas un mot à en retrancher ; mais elles seraient encore plus saisissantes si elles étaient explicitement basées sur la distinction que nous avons exposée plus haut.

47. — « Attendu que l'abandon, aux termes d'une jurisprudence « unanime, ne se présume jamais et ne peut résulter que d'actes cer- « tains, manifestes, non équivoques ; — Attendu que tout proteste « contre l'abandon que Carrère aurait fait de sa marque ; qu'en effet « il en a, à plusieurs reprises, réitéré le dépôt ; qu'il la fait figurer dans « ses entêtes de lettres, factures, papiers de commerce ; qu'il la place « encore sous forme de cachet sur toutes ses lettres ; qu'ainsi il montre « son intention d'en garder la propriété et d'en faire le signe distinctif « de sa maison ;

« Attendu que le fait qu'il ait composé pour les acheteurs de son « tapioca des étiquettes sur lesquelles, à côté de son emblème-marque, « il inscrivait le nom du débitant, ne saurait être regardé même « comme une présomption d'abandon ; qu'en effet il avait le droit d

« se montrer bienveillant pour ceux qui débitaient sa marchandise ;
« que les débitants, en ce cas, étaient ses représentants, ses ayants
« cause, et qu'il était naturel qu'il les autorisât à mettre leur nom à
« côté d'une marque qu'ils propageaient ;

« Attendu que le fait que Carrère ait lui-même, dans la confection
« des étiquettes mises au bas de la contre-étiquette donnant le mode
« de préparation du tapioca, apposé la signature du débitant, ne sau-
« rait être invoqué contre lui comme une preuve d'abandon de sa
« propriété ; que d'abord cette signature était mise avec l'autorisation
« expresse de Carrère ou par lui-même, souvent sans que le client
« l'eût demandé, ainsi qu'il résulte de l'une des dépositions enten-
« dues à l'audience ;

. . . .

« Attendu que le fait par un tiers d'user d'une marque avec le con-
« sentement du propriétaire, et pour couvrir les produits de ce der-
« nier, loin d'être un acte d'usurpation, est un acte de reconnaissance
« de sa propriété ; qu'il est évident que Carrère, dans l'espèce, con-
« sentait aux débitants la jouissance de sa marque, sous la condition,
« bien entendu, qu'entre les mains des débitants cette marque ne
« couvrirait que son tapioca ; qu'on ne peut citer aucun acte par
« lequel Carrère ait jamais consenti ou toléré l'emploi de sa marque
« pour couvrir d'autres tapiocas que le sien, et que c'est là seulement
« ce qui constituerait l'abandon. »

Le Tribunal correctionnel de la Seine, et ensuite la Cour de Paris
ont adjugé ces conclusions à la partie civile. Dans les motifs du jugement adoptés par la Cour, nous lisons cet exposé de principes qui
domine la matière :

48. — « Attendu que Carrère ne peut être privé du droit de reven-
« diquer l'usage exclusif de sa marque qu'autant qu'il serait démontré
« qu'il en aurait consenti la cession sans réserve, ou qu'il en aurait
« fait l'abandon d'une manière absolue, c'est-à-dire avec la volonté
« non équivoque de la laisser tomber dans le domaine public ; —
« Attendu que la preuve de cette cession ou de cet abandon n'a pas
« été faite. »

49. — En cas d'extinction totale de l'entreprise, les anciens associés
cessant d'être commerçants, la marque est-elle présumée abandonnée,
de telle sorte qu'elle puisse être déposée par un tiers ? Sans aucun
doute, malheureusement, bien que cette situation puisse engendrer
de graves abus. Une autre maison peut s'emparer de la marque
éteinte, mais jouissant évidemment encore d'un réel prestige chez bon
nombre d'acheteurs, surtout parmi les illettrés. Il peut donc

duire par là, ainsi que nous l'avons signalé pour les raisons sociales éteintes, une confusion préjudiciable à une partie du public. Les ci-devant propriétaires de la marque ont-ils au moins droit à une injonc-tion ? Un jugement du Tribunal de commerce de Mirecourt, du 5 sep-tembre 1845 (*Le Droit*, 3 oct. 1845), établit qu'une marque appartenant récemment à une maison éteinte ne peut en équité faire l'objet immé-diat d'une nouvelle appropriation. On a critiqué cette doctrine, à tort selon nous, car cette appropriation hâtive a évidemment pour mobile l'espoir de tromper le consommateur sur la provenance du produit. Il peut, dès lors, faire un tort notable à la bonne réputation du négociant retiré des affaires, qui en était naguère encore le pos-sesseur. Il n'y a pas matière à revendication de marques, mais le Tribunal est dans sa mission lorsqu'il voit dans cette manœuvre un dommage relevant de l'art. 1382 du Code civil.

Il va sans dire que notre argumentation porte sur le cas où la mar-que aurait été déposée et employée effectivement, *animo domini*, par le réclamant, car, dans le cas contraire, la présomption légale serait sans conteste contre lui.

Quant au public et au Parquet, le représentant légal des droits de la société, ils sont absolument désarmés. On verra plus loin que, dans le système de la loi anglaise, tout abus de ce genre est impossible. (*Voy.* n° 60.)

50. — Mais si les ex-associés se rétablissent chacun pour son compte, la marque peut-elle faire l'objet d'un lot distinct dans la liqui-dation de l'actif? Sans nul doute, mais à une condition, c'est qu'il y ait entente amiable, car il a été décidé que, si les anciens associés ne peuvent se mettre d'accord sur l'attribution ou la licitation de la mar-que, il n'appartient pas à la justice d'ordonner cette licitation. On ne saurait donc trop engager les intéressés à ne pas s'exposer par leurs discordes à perdre une propriété qui présente souvent une grande valeur. La Cour de Paris a fixé la jurisprudence dès 1868, et tout récemment le Tribunal de commerce de Nancy a tranché le débat dans les termes suivants, par jugement du 27 mars 1876, qui a acquis l'au-torité de la chose jugée (*Ann. XXIV*, 74) :

« Attendu que si la marque de fabrique peut, en général, être ven-
« due avec le fonds social, il n'en saurait être de même lorsque tous
« les associés reprennent leur liberté d'action pour fonder une maison
« nouvelle pour la fabrication des mêmes produits, et qu'ils sont en
« désaccord sur le sort de cette marque de fabrique ; que la loi d'éga-
« lité, qui est le principe des associations et des rapports entre asso-
« ciés, ne permettrait pas la vente du fonds social ni celle de la marque

« de fabrique, parce que le résultat de cette vente tendrait à procurer
« tout l'avantage de la réputation de l'ancienne Société dont il serait
« le continuateur au détriment de l'autre associé ; — Par ces motifs...;
« — Dit que la marque de fabrique (*le canard*) sera supprimée, et fait
« également défense aux parties de jamais l'employer. »

Nous ne pouvons, du reste, qu'indiquer ici la solution de cette question complexe, qui sera examinée en détail à l'article Liquidation.

51. — Il est à peine besoin de faire remarquer que la question n'a pas de raison d'être dans les pays où le sort de la marque ne peut en aucun cas être séparé de celui du fonds. Or il en est ainsi à peu près partout aujourd'hui, excepté en France et dans les Républiques Argentine, Orientale et du Chili.

52. — Dans les pays où le dépôt donne seul un privilège à l'usage exclusif d'une marque, c'est-à-dire où la création et le premier emploi d'une marque ne confèrent par eux-mêmes aucun droit, l'abandon résulte légalement de l'absence de dépôt ou de renouvellement, sans préjudice des cas particuliers à chaque législation de ce groupe. Il en est ainsi dans les pays suivants : Allemagne, — Autriche, sauf le cas de fraude, — Bosnie, — Chili, — Danemark, — Espagne, — Herzégovine, — Hongrie, — Indes Néerlandaises, — Maurice, — République Argentine, sauf pour les marques des étrangers, — République Orientale, — Roumanie, — Russie, — Venezuela, sauf le cas de fraude.

Il faut ajouter à cette liste les pays où il existe une mise en demeure légale lorsque, bien entendu, elle est expirée. Ce sont : l'Angleterre, après cinq ans ; — l'Australie du Sud, après un an ; — Le Cap, après cinq ans ; — la Nouvelle-Galles du Sud, après quatorze jours ; — les Pays-Bas, après six mois ; — la Tasmanie après un an et quinze jours ; — Victoria, après cinq ans et trois mois. (*Voy.* ces divers mots.)

Soit faute de dépôt, soit faute de renouvellement en temps utile, il n'y a pas ou il n'y a plus de marque.

53. — Il faut toutefois, comme on l'a vu pour certaines législations, en excepter le cas où le légitime propriétaire d'une marque s'en trouverait dépouillé par suite d'une fraude manifeste. Ce cas est prévu explicitement :

1° Au Venezuela (Art. 11 de la loi) ;

2° Dans la République Argentine (Déclaration du Bureau des marques du 30 mai 1877), en ce qui concerne les marques des étrangers.

54. — En Autriche, la loi est formelle ; mais la justice administrative, juridiction compétente en cette matière, s'est prononcée dans une circonstance qui permet d'inférer que, dans ce pays, la maxime

fraus omnia viciat est applicable à la matière. Voici le cas. La fabrique
bien connue de machines à coudre Singer ayant fait déposer sa marque, on s'aperçut immédiatement que le dépôt était nul pour vices de
formes dans lesquels il serait trop long d'entrer. Il s'agissait de faire
une nouvelle demande en produisant une pièce dont l'envoi nécessi-
tait quelques jours. Ayant appris le fait, un contrefacteur se hâta de
déposer lui-même cette marque. Mais ce dépôt fut annulé à la requête
de la maison Singer, comme entaché de fraude.

55. — Nous avons dit que, faute de dépôt ou faute de renouvellement en temps utile, il n'y a plus de marque dans les pays où le dépôt
est attributif. (*Voy.* n. 52.) Est-ce à dire qu'en cet état où aucune
revendication n'est possible, le domaine public en soit tellement en
possession qu'elle ne puisse faire l'objet d'aucune appréciation ulté-
rieure? En thèse générale, elle est simplement *res nullius*. Le premier
qui la dépose en fait une appropriation valable. Pour que l'appropriation en fût devenue impossible, il faudrait qu'elle fût entrée dans
l'usage général de l'industrie ou d'une industrie déterminée. Cette
clause est commune à la jurisprudence de tous ces pays, bien qu'elle
ne figure pas toujours dans la loi positive. (*Voy.* Domaine public. —
Freizeichen.)

56. — Dans le groupe des pays où le dépôt seul fonde le droit, il
existe encore un assez grand nombre de cas particuliers d'abandon
légal.

En Autriche-Hongrie, Bosnie, Herzégovine, il y a abandon légal
lorsqu'il n'y a pas eu de déclaration de transfert dans les trois mois de
la cession du fonds, ou dans l'année, s'il s'agit de mineurs ou de la
masse des créanciers (*Voy.* Transfert) ; en Danemark, si les *héritiers*
n'ont pas opéré ce transfert dans l'année.

57. — En Allemagne, il y a abandon légal si la déclaration du transfert de la marque n'a pas été faite en même temps que le changement
dans le titulaire du fonds, ou toute modification dans la *firme* possé-
dant ladite marque.

58. — On voit que, dans les diverses hypothèses énumérées, le
manque de renouvellement ou de transfert dans les pays où le dépôt
est attributif de propriété (*Voy.* n° 52) indique pour le législateur un
acte réfléchi d'abandon. La pratique démontre que c'est là une pure
fiction dans un grand nombre de cas; mais la loi est formelle : il n'y a
pas seulement présomption d'abandon, mais encore déchéance légale.

La question change de face toutefois s'il s'agit d'un étranger.

Lorsque la législation impartit un délai pour l'enregistrement du

transfert de la marque, l'étranger est évidemment soumis au régime
des nationaux, car il ne peut exciper d'aucune raison de force majeure
pour en être dispensé. Ainsi en est-il en Autriche ; mais lorsque la loi
exige, comme en Allemagne, que le transfert de la marque ait lieu en
même temps que le transfert de la firme, transfert auquel les étrangers ne sont pas assujettis, quelle est la situation ? Ils sont tenus seulement de faire enregistrer le transfert de la marque. La jurisprudence
pas plus que la loi ne fournissent aucune indication sur le délai moral
que cette obligation comporte ; mais il nous paraîtrait dangereux de
laisser écouler abusivement plus de temps qu'il n'est imparti dans la
législation autrichienne qui, basée sur les mêmes principes que la
législation allemande, est fréquemment invoquée devant les tribunaux
de l'Empire, comme fournissant d'utiles analogies. (*Voy.* Landgraf et
Endemann, *passim.*)

59. — On a vu (n° 52) que bon nombre de pays ont admis un terme
moyen entre les deux systèmes extrêmes, dont l'un fonde le droit sur
la priorité d'emploi, et l'autre sur la priorité de dépôt. Cette doctrine
mixte repose sur cette pensée juste, que le législateur doit, d'une part,
prendre toutes les précautions possibles pour que la propriété d'une
marque ne puisse être ravie par surprise à son légitime possesseur, et,
d'autre part, aviser à ce que les droits de chacun soient nettement
définis et finalement indiscutables, à l'expiration d'un délai équitable
de mise en demeure publique à tous ayants droit, de les faire valoir.
De cette manière le fait d'abandon repose sur une base légale, tandis
qu'en France et dans les pays voisins ce débat repose uniquement sur
des appréciations de jurisprudence variables, et en tout cas précaires.
L'examen comparatif de ces systèmes a donné lieu, au Congrès
international de la Propriété industrielle, à un débat d'un haut intérêt
qu'on trouvera sous la rubrique Dépôt (*Effets du*).

60. — La loi anglaise est allée plus loin, elle a réglementé le sort
de la marque après abandon légal. Elle porte que nul ne pourra déposer
une marque abandonnée avant cinq ans à partir du non-renouvellement. Les fraudes que nous avons signalées plus haut (n° 49) sont
ainsi rendues impossibles. Exception est faite à cette interdiction en
faveur seulement de l'ancien propriétaire de ladite marque, lequel
peut, avant l'expiration des cinq années de grâce, reprendre possession
exclusive de la marque en se soumettant à une légère amende, sanction de sa négligence. Aucune autre législation n'a abordé la réglementation si nécessaire de ce cas, pourtant extrêmement fréquent.

61. — Les principes développés ici en matière de noms et de marques sont applicables aux enseignes, suivant que l'enseigne a de l'analogie avec une raison de commerce ou avec une marque. (*Voy.* ENSEIGNE.) Nous ne saurions mieux faire connaître la situation à cet égard qu'en mettant sous les yeux du lecteur les motifs principaux de divers jugements ou arrêts qui ont très nettement exposé l'état de la jurisprudence en cette matière.

62. — *Premier groupe.* — Enseigne affectant la forme d'une raison de commerce : *La Compagnie d'assurances générales* contre *le Soleil. Compagnie d'assurances générales contre l'incendie :* « Attendu que « l'ancienneté de l'usage contre lequel réclame la Compagnie d'assu-« rances générales ne saurait affaiblir son droit, alors qu'il est établi « que le fait qu'elle a longtemps toléré peut être pour elle la cause « d'un préjudice et l'occasion d'un abus; que s'il y avait intérêt pour « la Compagnie du Soleil à conserver le titre contesté, ce serait un « intérêt de concurrence, reposant sur une équivoque qui ne saurait « rencontrer l'appui de la justice. » (*Ann. X,* 141.)

63. — A plus forte raison la question se simplifie-t-elle quand l'enseigne est un nom propre appartenant à une famille existante, et que, malgré une tolérance de près d'un demi-siècle, il n'est point établi que le nom ait été formellement aliéné à titre d'enseigne. Ainsi jugé quant au nom de Valentino, enseigne bien connue d'une salle de bal fort ancienne. par arrêt de la Cour de Paris adoptant les motifs d'un jugement du tribunal de la Seine du 24 mai 1878. (*Gaz. des Tribunaux* du 26 août 1879.)

64. — *Deuxième groupe.* — Enseigne affectant la forme d'une marque s'apposant sur l'enveloppe des produits : Lainé et Chenevière, propriétaires de la maison du *Pauvre Diable*, fondée en 1812, rue Montesquieu, avaient toléré, dès 1834, l'établissement d'une autre maison de même nature sous la même enseigne dans un quartier perdu. L'ouverture du boulevard du *Prince Eugène* ayant mis en vue le modeste établissement, l'ancienne maison demanda au tribunal de la Seine la suppression de l'enseigne concurrente ; cette suppression fut ordonnée par jugement du 30 janvier 1868, ainsi conçu :

« Attendu qu'il est constant que les demandeurs sont en posses-« sion depuis 1812 de l'enseigne objet du procès; qu'on ne saurait « admettre que la tolérance dont ils ont fait preuve pendant plusieurs